JN438419

봄의 현상학

신 선 시집

신 선 시인

경남 통영에서 태어나 인제대학교 대학원 국어국문학과(박사 수료)를 졸업했다.
1993년 〈시와의식〉으로 등단했으며, 부산시인협회상 본상(2010)을 수상한 바 있다.
시 집 「등불하나 가슴에 걸어두고」「카오스의 저편」「사라지는 것들을 위하여」와
산문집 「나의사랑 나의 어여쁜 아이들」 등이 있다.
현재 인제대학교 대학원 〈한국시 연구회〉에서 현대시를 연구하고 있으며,
한국시인협회. 한국작가회의, 부산시인협회, 부산크리스천문인협회
그리고 〈가변차선〉 동인으로 활동하고 있다.

shinsun0512@hanmail.net

시와사상 시인선 20

봄의 현상학

신 선 시집

시와사상사

시인의 말

네 번째 시집을 낸다.

시는 언제나 커다란 파도로 다가와 포말을 흩뿌리며 내 앞에 쓰러진다.

나의 시와 나의 삶은 그렇게 서로 부축하는 호흡으로 살아 있다.

이제 시가 내게 건네주는 어떤 사유이든지 나는 포용하고 받아들이고자 한다.

또 하나의 불빛을 향하여 굳건하게 걸어가면서
이 시를 제공하는 자연과 그 신비를 사랑하려 한다.
늘 배면에서 지켜주는 거대한 손을 향하여 머리 숙인다.

2014년 가을 해운대에서

신 선

차 례

제 2 부

차 례

제 3 부

봄의 현상학

제 4 부

제1부

어느 개인 날 1

이른 아침이 신발을 벗는다
환한 태양이 벗어놓은
멀고 가까운 마을에서
새로운 풍경들이 고개를 든다
산등성이마다 걷어내는 그늘 따라
바다는 시퍼런 욕망 끓여내고
뭉게구름 피어오르는 하늘 계단
오색 그림을 그리며 다가선다
멀리서 걸어오는 해맑은 대낮
고상한 걸음걸이로 준비하는 동안
젖은 땅은 한번 더 승부를 건다
상큼한 탁자 위에서
조간신문은 소음이 휘발되어가고
바깥 세상의 알 수 없는 욕망이
아득한 지평에서 태어난다
맑은 하늘은 환희의 가슴으로
또 하루의 축복으로 펄럭이는 사이
일제히 어둠은 가셔내고
춤추는 햇살들의 행진
싱그러운 리듬을 타고 흐른다

어느 개인 날 2

정오를 토하는 상행열차는
튼실한 굉음을 싣고 달려간다
어깨 추스르는 바람 한 점
가문비나무 너른 가슴에 안겨들고
신동슈퍼 입간판을 만지작거리는
두꺼운 햇볕이 소꿉장난을 벌인다
눅눅한 길은 일어서서
잰걸음으로 한길로 내달으며
어두웠던 어제의 우수를 털고 있다
풀밭 위에 시린 이불을 펴는 하늘은
엎드린 잡초의 근심을 씻어낸다
어딘가 숨어 있던 부신 눈빛들이
시름없이 낯선 풍경을 갈아치우고
쏟아져 내리는 도시의 등판마다
가까스로 지상의 행운이 켜지는
그윽한 저녁나절의 침묵 속에서
식탁의 헐거운 허리를 죄며
청아한 별들이 푸른 등을 들어올린다

우리들의 불빛

이슥고 날이 저물면
하나 둘 귀가하는 신발소리
꿈결처럼 현관에서
다감한 음성으로 벗겨내는 기척 뱉어낸다
거실에는 아늑한 불이 켜지고
두근거리는 가슴은 그대 눈길에
눈부신 빛깔의 길을 낸다
창 너머 정체불명의 어둠은
복면을 쓴 채
우리들의 밀실을 시샘한다
그대 환한 이마의 끈끈한 윤기는
방안 가득 호탕한 웃음을 풀어놓는다
깊은 잠 속에서 꿈은 더욱 달아오르고
가정이란 이름의 푸른 깃발 되어
나직하게 식구들의 어깨를 적실 때
내 을시년스런 추억이 허물어진다
한밤 그윽한 수면의 골짜기에서
청아한 새들이 제 목소리로 지저귀고
아침마다 알뜰한 식탁 위에는
우리들의 다정한 희망 하나씩 눈을 뜬다

이따금 빛이 자라서 완성하는 새벽의 목소리는
뜨락 가득히 튼실한 말씀으로 퍼득인다

틈에 대한 반론

또 한 번 금간 시멘트 벽들,
좀체 사라지지 않는 틈이 있다
벌어진 콘크리트 블록 사이 가느다란 햇살이 새어 나오고
장마철 물기가 배어나올 때 나는
지나간 과오에 대한 태만과 방종을 뉘우친다
너와 나의 연결고리가 끊어진 위화감
나는 단호한 결의로서
인간 사이의 금에 대한 회의를 새긴다
저기 너의 낯선 길이 흘러가고
나는 우두커니 눈뜨기를 기다린다
나의 갈라진 틈새에서
너의 주관이 농성을 벌이고
타협할 수 없는 슬픔의 무게가
하염없이 무너져 내린다
좁은 길의 금간 보도블럭에서
다시 일어서지 못하는 절망이 움트면
새로운 생의 이정표가 쓸쓸히 웃는다

강설기 1

새하얀 융단을 까는 손등이
퍼렇게 얼어 있다
눈 내리는 저문 길은
눈발 속에서 어깨를 감추고
지상의 먼지를 덮는
부지런한 발자국
먼길 위에 끊임없이 찍힌다

눈부신 면사포를 쓴
산과 들이 나직이 엎드리는 동안
가난한 집들의 지붕이 부풀어 오른다
헐벗은 상수리나무 야윈 가지 사이로
새 세상을 여는 자의
넉넉한 겉옷이 펄럭인다
숨져가는 섣달의
능선 위로 쌓이는 눈은
세례자 요한의 입술 끝에서
고고한 말씀을 맺고 있다

용서 받지 못할 자들의 시린 혓바닥이

서로 사랑할 수 없는 꽃으로 지고
개들이 짖어대는 동구 밖으로
검은 도시가 차례로 쓰러지고 있다

강설기 2

허공에서 스카이 퐁퐁 놀이를 하며
나비처럼 가벼운 잎들이 진다
세차게 달리는 길들이
눈 속에 갇혀 멈춰 서고
바위 곁에서 나부끼는 바람
처절하게 여백을 지운다
먼 산타루치아
경쾌한 물결 위에서 꿈틀거리면
꼬리를 흔들며
쏟아지는 단순한 몸짓은
그윽한 땀방울 머금고 있다

언덕 위에서 내려다보면
춤추는 눈발에 가려진 세상이
태산목 가지마다
뜨거운 불꽃을 피워올리고
부유하는 새들의 늑골을 태운다

골짜기는 다시 아린 추억으로 태어나고
돌아오지 않는 클라리넷 협주곡
천천히 돌담을 돌면서 사라지고 있다

신발

신발 속에 길이 있어
직선과 곡선이 뒤엉켜
언제나 제 그림자 따라 흐른다
지친 발목이 빠져 나간 자리
어쩌다 달아나지 못한 길이
풍경을 그리며 몸부림치고 있다
견인 못할 생의 무게에 짓눌린
서글픈 소문으로
하늘은 잿빛으로 흐려지고
보행을 쫓아온 골목이 허리를 편다
횡단보도의 표식이 그려진
사차선 도로를 무단횡단한 발자국은
신발 밑창에서 가쁜 숨을 몰아쉬고
질주하다가 밀려난 늦은 오후가
피곤한 걸음을
수십 층의 계단 위에서 말리고 있다
희미한 달무리 막아서는 발치
정처없이 떠돌던 바람 한 자락이
문득 휘돌아들면
환승을 다그치는 인간들의 눈빛이

신발 끝에 걸려 나풀거린다
대로를 꿈꾸는 길들의
느린 어깨가 휘어지는 동안
초만원의 버스가
비로소 출발을 알리는 시동을 건다
인파에 부대끼는 발바닥이 뜨거워지고
적막 속에 갇힌 시간의 속도가
노곤한 길들을 뱉어내면
정체불명의 소리들이 허물을 벗고
햇살의 깃털에서 벗어난
내일의 푸른 하늘을 열어 보인다

희망 요양원 1

하얗게 몸을 씻은 고무신들이
댓돌에 나란히 앉아
환하게 일광욕을 한다
심술궂은 바람결 다가와서
윤기나는 콧배기를 만지작거리고
너덜거리는 뒤꿈치의 웅덩이에
지친 날들의 추억 고여 있다
말간 물안개 피어나는 안창
등굽은 햇볕이 들여다보며
김빠진 웃음소리 펼쳐놓고 있다
금간 옹기의 웃자란 수국타레들
다투어 물결치며 햇살 짓고
갓 말아올린 퍼머머리 반짝인다
302호 흐린 창가에서
먼산 진달래 꺾는 할머니
수척한 볼에 진달래 꽃물 달아오른다
봄날에 실성한 밥상 위에는
조촐한 꽃대님 붉게 나풀댄다
요양원 정문을 빠져 나간 길들이
못내 뒤돌아보며 혼자 펄럭인다

희망요양원 2

할머니들 속치마에는
우체통 하나씩 들어 있다
빨갛게 익은 뜨거운 편지
독일에서 온 딸네 안부에는
진한 소독냄새가 배어있다
애틋한 소식이 기어가는 오후
볼록렌즈로 읽어낼 수 없는 글자들이
뼈아프게 소리치며 발을 구른다
저녁노을이 젖은 행간을 오가며
털어놓지 못한 슬픔을 들이키고
그리움 풀어놓는 눈시울에
끝없는 강물소리 뒤척인다
잎이 무성한 적막 속에서
무화과는 휘어진 가지 더 비틀고
달빛 빠져나가는
빛바랜 치마폭마다
하얀 길이 끝없이 뻗어 있다
마른 꽃들이 지다가 멈춘
국기게양대 그림자 아래
채송화 낮은 키들을
한껏 허공으로 치켜세운다

식탁에 대한 담론 1

봄날에 잘 삭은 김치를 먹다가
돌아오지 않는 겨울 여자를 떠올린다
단조로운 밥상의 행간을 지나
수저가 배회하는 행로가 어지럽다
흔들리는 형광등의 그림자 따라
잠시 이른 환상이 꿈을 휘젓는다
그릇과 그릇 사이에서
긴 터널이 스쳐가고
저린 눈을 껐다가 다시 켜는 손길로
김치 한 가닥 집어드는 식도락
노을이 비껴드는 바리 그늘에 숨는다
묵은지의 짠 줄기 안으로
지난 겨울이 기웃대며 늙어가고
손길이 닿지 않는 사발 언저리
무딘 김치는 사랑을 잃는다
접시와 쟁반이 마주치는 환승역의
침묵과 궤변의 기로에 서서
묵은지의 고독이 밥상 가득
세찬 물살을 퍼올리며 일어선다
언제나 길이 있어 이어졌다 끊어지는
냉혹한 감소가 부딪혀 어둠을 식힌다

식탁에 대한 담론 2

대접과 물컵 사이를 방황하며
김치를 먹다가 조로한 여자를 생각한다
바랜 추억이 누런 잎으로 흐려져
설익은 꿈으로 곰삭은 채
벌판에서 배회하던 햇살
방안 가득 메운 향기로 풍기는 생애가
이제는 돌아보지 않는 한때의
접시와 대접 사이에서 몽환으로 스러진다
문득 수저로 김치를 집어 올리다가
근신하는 입술의 선연한 빛깔에 젖는다
맹목의 못내 그리운 몸짓 빛을 키우고
그릇마다 철지난 냉전을 비워내며
식탁의 알뜰한 정분을 다독거린다
아련한 식욕은 맛깔스런 식구들의
손과 눈빛 사이에서 넘쳐흐르고
파이렉스 식기 안에서 더욱 맛을 낸다
태고적 근심은 김치 조각으로
남김없이 주름살을 지우고
수심 깊은 소화불량의 덫을 걷어낸다
씹을수록 여린 바다의 물결 소리가
마가목 식탁에서 맛나게 출렁인다

폐교 3

내 유년의 자국 서린 초등학교 좁은 운동장 한켠, 검은 비닐봉지 바람에 뛰어다닌다 복면을 한 너의 정체 육신의 균형을 잡지 못하고 뒤뚱거리는 몸짓이 황량하다 아득한 시간의 저편에서 나의 사랑이 곤두박질하며 꿈길로 이어지는 울타리를 흔든다 사뿐거리는 깨금발이 정겨워 빗줄기에 흥건히 뒤척인다 구르는 잎에 안겨 너울지다가 담장의 세반고리에 덜컹거리며 먼지를 뒤집어쓴 채 침묵하는 가슴, 바람이 부는 대로 떠돌아다니는 너의 쓸쓸한 노랫가락이 불을 지핀다 한 발자국씩 떼어놓는 걸음마다 수북이 내 어린 날의 고백이 밝혀진다

폐교 4

해 저문 날 맞추어 비닐봉지의 복부가 불어터지는 노을은 더 붉게 타오른다 흐려지는 석양에 덧댄 너의 얼굴은 한결 넉넉히 부어 있다 빈 봉지 안의 허망한 무게를 못내 포기하지 못하는 열정, 떠나간 새들의 까만 눈동자를 돌아다보고 또 발돋음한다 아득한 허공에 기대어 바라보는 산과 들판이 구르는 너의 넓은 품에 안겨 한뼘씩 금을 그으며 내게로 온다 사운거리며 지나가는 바람살, 교실의 문은 더욱 굳게 닫고 햇살 들지 않는 블랙홀에 내 투명한 어린 날을 가둔다 눈먼 잎들은 눈 먼대로 떨고 지향없는 것들은 또 그렇게 하늘과 땅의 경계를 넘어 허망한 어둠을 밀어내고 있다

빈 집

뜨락 가득 뛰어다니는 햇살
저들끼리 토담 밑을 몰려다니다가
뒹굴고 포개지고 서로 허물어진다
텅빈 하늘에서는 아득히
푸른 웃음소리 요란하게 쏟아져 내리고
마당귀 한 모서리가 쟁쟁거린다
사각의 젖은 돌계단 아래
아무도 찾지 않는 정오가
검은 바지 흔들리는 장대에 매달려 있다

핼쓱한 낮달 짖어대는 처마끝
기왓장에 잘린 잡초가 밀려나오고
숙성되지 못한 침묵이 기지개를 켠다
싸늘한 편서풍 들락거리는 장지문 안
심장이 멎은 드라이플라워
액자 속에서 겸연쩍은 자유를 시위한다
발효를 꿈꾸는 항아리 속의
설익은 음모 휘몰아치고
댓돌 위 헝클어진 신발 안에서
낡은 한나절이 가까스로 누워 있다

사라지는 것들은 신비스럽다

매운 연기가 거침없이 올라가는
길을 따라서
에드벌룬은 허공에서 또 길을 낸다
티눈 박힌 발바닥에서
진상의 땀방울이 튕겨나오고
눈을 뜨면 오로지
창공으로 치솟는 것들은
동공이 수증기처럼 투명하다
어쩌다 기지개를 켜면
사내들의 날선 어깨가 산산히 흩어지고
뼈와 살이 부서지는 의미가
제 부식된 잔재를 날려보낸다

사라지는 것들이
브라운으로 바래어지는
들판의 어디쯤에서
나른한 오후가 허리를 펴고
햇살 잦아드는 아스팔트 위에 눕는다
지리한 게임이 끝나면
다시 빈 겨드랑이에서 날개가 돋아나

가벼워지는 봄을 뒤쫓으며
사라지는 것들의 날개를 꺾는다
다만 비상하는 모습으로

제2부

살바도르 달리의 아침

통로를 들여다 볼 때마다
경계는 침묵으로 대처한다
적막이 촘촘히 박힌 어둠 속에서
벌레들은 즐겁게 기어다니고
대책없이 뚫린 하얀 기억이
그림자를 지우며 일렁인다

달빛이 가녀린 빛을 뿌리며
통제불능의 바람을 끌고 오면
휘어진 자정의 불빛이 춤을 춘다
무너진 흙더미의 잔해가
상처를 쓰다듬는 사이
흘러내리는 산등성이에 길이 트인다

드디어 웅크린 풍경이
시원하게 기지개를 켜는 시간
점차 다져지는 지상의 집들에서는
어설픈 광야가 꿈틀거린다
처절한 하루살이는
평화의 사도가 되어

바오밥나무 그늘 깊숙이 들이앉아
밀려오는 새벽의 종언을 예감한다

금간 네 인격의 틈새에서
거침없이 내리는 빗줄기가
눈물이 되어 새어나오는 동안
나는 마지막 안간힘으로 틈을 허문다

가문비나무 곁에서 1

개천 바닥 어지럽게
검은 돌자갈이 드러나고
한 석 달 열흘 지나도록
비 내리지 않는 사월
너의 절박한 신경증 대신에
나는 비로소 너의 외로움을 깨닫는다
하릴없이 무심한 태양 우러르며
너는 내심으로
끝없는 강물로 흐르고 있다
너는 눈빛 하나
저어하지 않는 서리찬 모습으로
내 어설픈 인내를 뭉개버린다
너는 강철로 된 조각상처럼
싸늘한 하늘 아래서 길을 찾는다
잎과 줄기가 타들어가도
미동도 하지 않는 너의 그늘 아래서
다만 안으로 저며지는
너의 냉혹한 가슴을 파고든다
너는 거대한 폭포가 되어
한 움큼의 정감도 없이 잎을 펼친다

가문비나무 곁에서 2

너의 이름을 부르면
너는 저만치서 손을 흔든다
네가 내게로
자꾸만 달려올 것 같은 봄날,
너의 얼굴은 활화산처럼 치솟아
한 줄기 미풍에도
너는 다소곳이 고개를 내린다

어느 날 무심코 내게로 다가서는
네 푸르런 얼굴을 본다
너와 나의 거리가 가까워질수록
나의 푸른 하늘은 멀어지고
나는 잠시 네 안에서 부풀어 오른다
내 곁에서 소리없이 짙어지는 그늘
너는 그윽한 어둠이 되어 잠적한다

저물녘 너를 은밀히 떠나보내고
내 뜨락엔 너의 찬비가 내린다
희미한 그대 목소리 창가에 저물고
가랑잎들 허무하게 하나씩 진다

너는 마지막 노을을 받으며
우리 헤설픈 해후를 진홍빛으로 뿌린다

몰운대의 비 1

하늘과 땅 사이
비는 무더기 실타래로 상승하여
다시 어느 여름날의 하강을 꿈꾼다
스며드는 그대 그림자 기침을 하고
분홍빛 벚꽃에 배어드는
파도의 잠을 하얗게 깨운다
이슥고 푸른 세상의 향연이 멎으면
꽃가지 부르튼 옹이는 상처뿐이다
떠나갔던 봄날 돌아오는 들머리
이별한 하늘과 땅 다시 만나게 한다
아직 우산 위에 사선을 긋는 물기가
파랗게 질려 드푸른 해안을 흔든다
수다스런 여자들이
한걸음씩 발자국 옮겨놓을 때마다
수액의 부스러기는 튀어올라
여자들의 치맛자락을 적시며 보챈다
지상이 짓은 것들은 흰사코
허공과 자갈길을 이어주고
끝없이 푸른 수평선도 지워버린다
돌아서는 발길도 비에 젖어 지워진다

몰운대의 비 2

근시안에 얼비친 길은
점점 흐려져 가고
비는 몰운대에 와서 비로소
새하얀 영산홍으로 피어난다
때로는 바다 빛깔이 되어
푸른 수국을 피우기 위해
쏟아지면서 악을 쓰는 소리를 낸다
비는 내려서 갈맷길을 적시고
목마른 나무들의 옹이를 눈뜨게 한다
밤이면 환한 낙조분수가 하늘을 찌르고
집 나선 해는 수평선으로 자폭한다
참으로 궂은비는 내려서
물보라와 물이랑을 일구고
파도의 거친 어깨를 몰아치며
슬픈 여자들의 시늉을 하며 떨어져내린다
산책로에서 만나는 빗줄기는
한가닥 희망도 허용하지 않는다
다만 삼삼오오 떼지어 오는 이들의
머리 위에 하나씩 색깔 좋은
우산을 씌우며 쏟아진다

파란 빛의 바다로 짠 빗발을
숲 속으로 끌어올려 팔랑개비를 돌린다

수수꽃다리

둑길 따라 나서는
키 큰 수수꽃다리
해맑은 가슴 움츠린 채
눈부신 햇살 등지고 서 있더라
섶으로 동여맨 허리
끝없는 강물 되어
출렁이는 물결소리는
늙은 기침소리로 젖고 있더라
봄의 발자국은 전령사처럼 숨어들고
꽃샘 부리는 바람은 혁명군처럼
당당한 보무를 울리며 엄습해 오더라
달아나는 추운 들판에서
가지마다 둥그런 그늘을 매달고
봉긋한 꽃마을 다투어 피우더라
일찍 눈뜬 꽃들은
서두르는 몸부림으로
네 안에서 스스로 저물고 있더라
마지막 남은 옷자락의 햇살 붙들고
도리없이 추락하는 아픔
노을빛 가득 머금고 흔들리고 있더라

암사지도

아침이 실눈을 뜨면
너의 그림자는 등성이에 숨는다
배롱나무는 분홍빛 소리를 길러내고
요란스럽게 네 등 뒤에서
트이지 않은 목청을 높인다
바이러스처럼 번지는 희망의 날개
애써 펼쳐놓아 펄럭이지 않는다
눈뜨는 것들은 한결같이
그늘에서 눈빛을 굴리고
어설픈 혀는 모두 무덤에 갇힌다
이 산과 저 산이 마주쳐서
언제나 비가 내리고
빗속에서 어린 밤이 통곡한다

안개가 누웠던 자리
꽁지 푸른 새들이 빠져나가고
저무는 것들은 어둠을 거부하며
다시 커다란 애드벌룬을 띄워 올린다
허공이 뛰기 시작하는 시간 앞에서
항시 빛과 그늘은 대치하고 있다

제주 춘란 1

내 안에서는 언제나 보오안 봄날이 자라고 있다 시간은 물이 되어 봄여름가을겨울로 흐르고 흘러 떠도는 자들의 발길을 적신다 끝내 부드러운 삶이 머무는 곳, 다시 잦아드는 그늘 앞에서 내 심장의 강물 푸르게 출렁거린다 잎이 되고 또 줄기로 자라서 우아하게 한 세상 집을 세우는 은은한 물결 소리 흔들어 깨운다 눈부신 빛으로 퍼지고 또 다감한 사랑으로 피어올라 따슨 봄날의 슬픔 다독인다 내가 태어난 한적한 강기슭, 벼랑 기대어 고개 쳐드는 거센 풍랑이 허리를 뒤흔들 때 나는 비로소 하얀 뿌리를 신앙으로 내건다

제주 춘란 2

나는 때로 장미보다 요염한 꽃 한 송이 피우기를 염원한다 내 꿈과 뜨락이 통정을 하고 작은 불빛 함초롬히 눈을 띄우면 가파른 절벽 돌틈마다 아늑한 허공을 빨아들인다 파도는 풍성히 밀려오고 차디찬 뒤안길의 숨을 죽인 채 꽃들의 화관은 가슴 설레며 내 핏줄에서 자라는 봄날을 건져올린다 아름드리 푸른 욕망이 자라는 밤의 요정이 겨운 추억으로 벼랑의 우주를 떠받치면 사라지는 포말들 다시 귀를 연다 애틋한 맵시로 나부끼지 못해 더욱 버릴 수 없는 이름, 짙푸르게 통곡하는 바다의 허리에 주름살을 뿌린다 물살에 비치는 내 그림자는 봄빛 머금은 난초로 싱그럽다

통영 일박 1

남망산 허리를 넘어와서
푸른 아침이 눈을 뜨면
우뚝 선 장군의 눈시울이 빛을 낸다
산등성이를 타고 오르는
햇살이 투명한 몸을 풀자
자귀나무 잎새를 건너가는 바람이
선소리를 치며 해안으로 미끌어진다
시린 하루가 빠져 나가는
골짜기의 표정은 언제나 곡선이다
풀섶에 숨어 있던 이슬의
영롱한 이마가 윤기를 내는 동안
아득히 동호동 파도는 저 혼자 출렁이고
흰 새 날아간 강구안 멀리
여객선들은 기어가듯 풍문을 실어 나른다
꽁지 끊어진 뭉개 구름떼
끝모를 현해탄의 허공에서
줄기차게 불꽃놀이를 펼치고
돌아오지 못하는 그리운 눈빛들
소매물도 어귀에서
꺼져가는 맥박을 되살리고 있다

통영 일박 2

차이코프스키의 은파를 타는
서늘한 바다의 이랑 위에서
새들은 자라나 안개가 된다
더러는 처연한 포말이 되어 일렁이다가
비진도로 떠나는 화물선의
긴 꼬리로 늘어져서
새하얀 물보라로 피어오른다
어린 섬들의 가슴은
끊임없이 따개비의 잔등에 젖고
수평선은 신명나는 산대놀이에 젖는다
푸른 물이랑의 크나큰 희망에 부대끼며
천길 수심에서 흔들리는 해파리
앳된 춤사위가 부풀어 오른다
숨가쁜 가마우지떼 해안에서
물빛 그림자 뿌리며 떠나가고
비릿한 썰물 불러 모으는 눈발
애틋하게 등대 밖에서 원을 그린다
마파람 하나 기억을 삼키며
문득 눈을 부비는 방파제에서
잘 씻어 말린 떠돌이가 소고를 친다

제3부

못에 관한 명상 1

액자를 걸다가 벽에 꽂힌 창을 내다본다. 벅찬 무게가 네 어깨를 짓누르자 날카로운 창은 단호한 힘을 실어준다. 구석진 벽 모퉁이에서 생의 뿌리를 내리고 박혀 있는 너는 굳건한 몸짓을 굽히지 않는다. 네 안은 어둠을 걷어내며 가로막은 벽 저쪽의 푸른 하늘을 그리워한다.

항시 말없이 막힌 세상을 향하여 돌진하는 너의 눈빛은 날선 화살처럼 뻔뜩인다. 과녁으로 질주하는 몸짓은 날아서 어딘가 꽂혀야하는 이치를 알고 있다. 네게서 낮은 곳으로 흐르는 강물 소리를 듣는다. 네 몸에 깃든 적개심도 듣는다. 문드러진 관절 사이에서 시커멓게 뿜어내는 혈기가 그윽하다.

깊은 사유에 빠지는 밤이 오면 참을 수 없는 증오에 뒤척인다. 오로지 야윈 육신 하나로 네 꿈을 지탱하며 무게를 초월하는 중량도 버티어낸다. 너는 휘어지는 팔로 지상의 한 모퉁이를 껴안는다. 너의 끈질긴 욕망과 열정은 골리앗처럼 날마다 꿈틀거린다. 때론 너울져오는 모멸감에 주저앉기도 하지만 새벽

이 올 때까지 눈 떠 있다.

너는 다만 차가운 벽에 꽂혀서 기쁘게 녹슬어 간다

못에 관한 명상 2

가녀린 내 목을 조르는 것은 비단 육중한 풍경화 액자만이 아니다. 사각의 지평을 가득 채운 청람빛 이층 양옥과 세차게 바람이 불어와도 결코 일렁이지 않는 초원으로 둘러친 호수의 서늘한 눈망울이 숨가쁘게 한다.

새로 거는 달력이 가슴을 내밀고 정월 한낮의 햇살을 눈발처럼 내 목 언저리에 흩날릴 때 달력에 박힌 까만 숫자들이 어두운 하늘을 게워낸다.

섣달그믐으로 달려가는 달력의 조급한 발치 사이에서 내 목덜미는 시뻘겋게 녹슨다. 피로에 지친 봄날이 어느 새 식곤증을 빠져나가고 감당할 수 없는 봄꽃들이 더욱 거세게 목을 조으면 내 육신의 지우지 못하는 상처가 나의 뿌리까지 배어든다. 나를 몰아세우는 세상의 울분에 기로띤을 만들어 스스로 참수 당한 형틀처럼 나는 애써 무모한 꿈속으로 젖어든다.

정오의 바다 1

쥐똥나무 가지 끝에서
하얀 낮달이 조을면
푸른 물살의 정적을 들이키며
어린 새 한 마리
도시가 자아낸 허기를 채운다
물비늘 퍼덕이는 선착장에서
적막한 해풍이 좌판을 벌이고
나른한 식곤증이 일어서는 모래밭
물보라가 나직하게
꼬리를 흔들며 지나간다
돌계단에 이젤을 뿌려놓고
사랑을 스케치하는 풍경 사이로
수평선에 매달린 돛폭하나
하늘 한 장 찢어서
끝없는 물이랑에 뿌려댄다
설익은 햇살이 해저의 중심에서
자맥질하는 동안
검은 망둥어떼가 솟구쳐 오르며
섭씨 이십삼도의 한낮을 끓이고 있다

정오의 바다 2

눈매 시린 갈매기 떼
지친 날개짓하며
치솟아 오르는 섬 언저리
혓바닥 돋는 바다가
목젖을 앓고 있다
젖은 열두 시를 익혀내며
떠돌이 바람이 물구나무서고
늦게 당도한 겨울이
싸늘한 햇살을 게워낸다
절망과 희망 사이로
앳된 태양은 마른기침을 하며
이음의 탯줄을 걷어낸다
게으른 유람선이 떠난 자리
흰 포말이 자꾸 쓰러지고
갈라지는 파도를 흩뿌리는 바다는
철 잃은 물살을 저으며
비릿한 문장을 끌어올린다
뭍으로 내닫는 편서풍을 따라
서러운 뱃고동이 지천으로 피어오른다

초여름 사직동 1

시름없이 해가 저물 무렵
아시아드 경기장 커브를 돌아온다
느릅나무 수풀은 어깨를 쳐들며
땀에 젖어 흘리고 간
젊은 사내들의 근육을 들어올린다
덩달아 경광등이 하나 둘
주먹만한 눈시울을 벌이며 살아나고
게임장 통유리가 부산하게 열을 내면
먼 길을 되돌아오는 마라톤 선수들의
건장한 허벅지가 길을 밝힌다
철책 사이로 거대한 해파리는
백색 날개를 퍼덕이며
어두워가는 하늘로 날아오르고
줄장미의 튼실한 이마 위로
잘 익은 홍조가 서린다
풋내에 취한 산책로에서는
수박등이 하얗게 눈인사를 보내면
푸른 오월이 다정히 말을 걸어온다
바퀴 달린 수국이 몰려선 마운드
연초록 박태기나무들 대오를 지어
하늘로 치솟는 야구공을 받아낸다

초여름 사직동 2

수수꽃다리 수줍게 허리 펴는
오버 브릿지를 돌아오르면
눈빛 서늘한 수영장 첨탑
정갈한 몸매로 일어선다
몇 갈래 출구가 입벌린
매인 스타디움은 아직 잠에 취해 있다
실내 체육관을 지나서
양정모 레슬링 기념관을 건너뛰는 동안
어느새 최동원의 무쇠팔이
야구장 들머리에 동상으로 서서
흘러간 날의 함성을 이야기 한다
밤이 이슥하도록 터지는 폭죽소리에
목이 긴 전광판은 멋모르고
타는 불빛으로 잔디를 적신다
하염없이 불이 꺼지고
지친 걸음을 신고 빠져나가는
목이 쉰 전동차의 굉음
고독한 그림자를 달래며 달린다
모두들 원형을 꿈꾸는 전철 레일마다
한동안의 긴장에 조였던 눈을 풀며
사직동은 철지난 이별을 건져낸다

태풍경보

볼라벤이 휩쓸고 지나간 강둑이
깊은 시름에 잠겨 있다
어깨 할킨 장마전선은 북상을 하고
목쉰 빗줄기는 세상을 난타하고 있다

비닐하우스의 꿈은 풍선처럼 스러지고
시린 물에 발을 담그고 서 있는 앙상한 사람들
볼멘 땅의 아우성은 물살에 떠내려가고
지친 한숨들이 오후에 걸려 있다

위험수위를 빠져나온 들판 곁에서
지붕만 남은 농막이 잠을 잔다
쓰러진 벼들은 목을 움츠리고
입술을 시퍼렇게 떨고 있는 아이들이
알몸을 드러내어 놓고
야윈 햇볕에 심장을 말리고 있다

도시로 파송된 추억이 돌아오지 않고
움푹 패인 웅덩이에 땀방울 몇 개 맴돌고 있다
찢긴 상처가 가라앉지 않은 고샅길

부끄러운 물살은 낮은 곳으로 붉게 흐르고 있다

달개비의 푸른 꿈이 다투어 피어나는 한나절
콘크리트 벽은 눅눅한 습기로 얼룩져 있다
폐허가 된 마을의 우울이 땅바닥을 굴러다니고
젖은 빨래들은 떠나간 햇살을 그리워한다

피아노
– 쇼팽에게

너는 항시 창가에서 높은음자리표에 기대고 서 있다 검정 망토 속에 온갖 아름다운 상상력을 간직하고 도저히 풀어낼 수 없는 오선지의 비밀을 탐문하고 있다 허리까지 차오른 바닷물의 푸르런 영상과 이랑을 헤며 너는 다만 크낙한 눈망울을 굴릴 뿐이다 언제나 떠나가 는 배를 응시하는 너의 발길은 선착장을 버린다 너를 올려다보는 야자수는 물결 드센 해안에 있고 물푸레 나무 잎들은 살아서 찬란한 선율을 휘몰아온다 언덕 위의 하얀 집에서 청아한 바람이 실려오면 너는 절망하는 손을 휘저으며 하얀 히아신스 한 송이 가슴에 단다

풍경을 깨우며 1

경상북도 봉화군 소천면 임기리
이른 아침이 눈을 뜨면
키 낮은 제비꽃 잎새 사이로
희부연한 샛길이 열린다
밤새 해산을 끝낸 산줄기는
시린 이마가 부풀어 오른다
은사시나무 초록빛 뒤집어쓴 벚꽃
하염없이 질긴 봄을 털어내고
적막한 분교장 귀퉁이
게양대에 걸린 태극기가
가는 봄을 지우느라 팔을 흔든다
잔디밭 백엽상자에 기대앉은
수염발 기다란 민들레가
이미 늙어버린 생각을 하얗게 흩날린다
손을 씻는 일천의 새떼들은
숲에서 어부인 듯 그물질하고
이차선 도로를 기는 경운기는
느린 속도를 쉰 목청으로 질러댄다
하늘과 땅 사이로 등을 맞댄
안개는 은근히 피어오르며
변성기 지난 발성연습에 열을 낸다

풍경을 깨우며 2

상수리나무 그늘이 청랑하게
한 옥타브씩 음색을 사루는 마을
풀꽃 세반고리가 우주에 귀를 댄다
철 만난 장미꽃 서성대는 개여울
저녁을 읊조리는 물소리 멀어지고
개울물의 무릎에 실려서
눈먼 하루살이가 자맥질한다
풀섶 좁은 길을 등지는 해그림자는
가뭇없이 소리죽여 사라지고
읍내에서 돌아오는 마을버스는
먼지 낀 엔진을 더듬거리며 숨이 멎는다
어느새 동구 밖은 새털구름에 잠기고
향나무 모발이 왼쪽으로 휘날리는 동안
구르는 검정비닐봉지 푸석이는
산머리 별 하나둘씩 돋아난다
이윽고 세상의 수풀은 모조리
침묵 속으로 허리를 숙이고
오솔길로 들어서는 오두막길
툇마루에 눈을 부비는
알전등 불빛이 하릴없이 앓고 있다

클라리넷

닫힌 네 창을 연다
뽀얀 음색을 가다듬는
네 눈길이 청명한 하늘에 닿아 있다
황금빛 입술에서
쌓였던 온갖 맑은 선율이 달려나오고
네 가슴에 사무친 핏빛
팔분음표가 비로소 길을 찾고 있다
이분음표와 사분음표 사이에서
몰려갔다 내려오는
여린 음표들의 청아한 심상이
귓전을 때리고 마을을 흔든다
잔잔한 지평선이 눈을 떠
네 열정적 입김으로
아르페지오를 펼치고 있다
네 안에서 구원한
다뉴브강이 천천히 흘러나오고
알프스의 서녁 노을이 눈시울을 붉힌다
리본을 단 새들이 날아가는 산마루,
닫힌 네 창이 다시 열리고
피아니시모가 아름드리 손을 흔든다

연화도 지나며 1

날선 파도 스러져간 뒤 너는 빈 가슴으로 언제나 설레었다 너의 해안에 와서 숨죽였다가 다시 호흡하며 떠난 자리, 질긴 바다의 빗장이 풀리고 너는 하나씩 푸른 망토를 벗어 던졌다 일만 해리 밖에서는 가끔씩 길보다 먼 지평선이 가물거리고 아득한 물보라 위의 사랑은 한층 더 푸르게 너의 아린 가슴을 저미곤 했다 돌아오는 새들은 새하얗게 하늘을 가리는 날개짓 너머 오로지 물길 밖의 정적 가득 실려 오는 바람을 따라 끝없는 그리움 흔들어댔다 오뉴월 한나절, 비는 내리지 않고 너는 연화의 메마른 꿈 사루며 돌아오지 못하는 물살 달랬다 가스피해까지 뻗어있는 등대에 은은한 불빛 매달아 출렁거렸다

물빛 그림자

네 그림자 일렁이는 섬 어귀, 더운 목소리로 해탈하는 물가에서 너의 불빛들 모두 싸늘한 바다에 드러누웠다 하늘 한가운데 떠오르는 연화의 긴 그리움 헤면서 별들의 긴 꼬리를 끌어 당겼다 네 옷자락에 매달린 푸른 사파이어 눈부신 맵시는 연화보다 더 푸른 입술에서 빛났다 네 가슴에도 봄은 피어오르고 섬 등성이마다 꽃이 저무는 사이 완강한 팔을 흔들며 망개나무 쏘다니는 골짜기마다 헤라클레스 세찬 팔뚝 일으켜 세웠다 너는 하현달 외로이 뒤척이는 개옻나무 숲을 지나서 새 잎 돋아나는 아침을 바라보았다 들풀 허리 펴고 노니는 언덕, 신선한 햇빛으로 머리를 감고 너의 이름 부르지 않아도 네 노래는 어깨를 펴며 잔잔했다

욕지 풍문 1

키 낮은 동백나무는 늘상 그 자리에서 꽃을 피우고 또 떨어지는 나달을 보낸다 세찬 북풍 부는 날이면 태연히 서 있는 자세, 한결같은 지조를 지키는 푸른 빛깔로 서 있다 마음이 우울해질 때 동백나무와 키재며 서보면 푸른 꿈을 추스르는 동백나무와 빛나는 얼굴로 버티는 품새 닮아간다 문득 동백의 가슴에서 피보다 진한 꽃을 피울 무렵 저녁 해는 저대로 기울고 달이 서으로 가는 사이 어느새 대지엔 신록이 짙어간다 푸른 보자기 풀어놓은 들판 가득 벌레들은 그 품속에서 자라고 남쪽에서 불어오는 바람은 들판의 품안에 들어 여울진다.

욕지 풍문 2

키 큰 산 그림자 아래 목선들은 기지개 켜며 달리고 분주한 선착장 모퉁이마다 이른 아침 붉은 태양이 매달린다 시간이 떠나버린 여름 뜨락, 웃자란 탱자 이파리 따서 머흘대는 물결에 띄워 보낸다 집을 나설 때 흔들어주던 새하얀 조가비 손을 떠올리며 언젠가는 돌아가야 할 희망찬 메시지를 하나둘 떠올린다 점차 멀어져가는 장독대의 수선화는 키를 낮추고 살포시 웃음짓는 꽃대 사이로 적막의 그늘이 어른거린다 한낮이 잔기침하며 지나가고 새들이 앉아 있던 자리에 살포시 떠오르는 저녁 구름 고래등기와 집 수십채 짓다 저문다

욕지 풍문 3

돌담 돌아 서 있는 우물 안 잿빛 하늘 내려와 숨어 있다 정밀한 오후가 하품을 하고 우물 속 석벽 땀 젖는 자리마다 이끼들 깨어나 부지런히 검푸른 궁궐을 지어올린다 깊은 샘물은 날마다 투명한 활화산으로 솟구쳐 오르고 두레박 허리 부딪히며 스치고 지나간 자국들이 서늘한 눈망울 새기고 있다 깨뜨려진 풍화작용을 밀어내는 물그림자는 아득히 태고적 설화를 이끌어내고 성난 목소리로 소리치면 떠오르는 단군할아버지 나라 세울적 생각, 우물 속 가득 안개로 퍼진다 울리는 음성은 원을 그리며 고생대의 향두가를 퍼올리고 있다

욕지 풍문 4

발치 가득 이슥한 밤이 들면 달무리 휘감는 옛 말씀 희미한 동굴 속에서 배어나온다 고목나무 패인 등걸마다 은하수가 흥겹게 빛을 내는 동안 잠을 청하는 갈가마귀떼 삭은 가지에 내려앉아 입을 씻는다

수맥이 다한 풍수지리설이 들쑤시며 몰려드는 울음소리에 낡은 풍습은 저만치서 꼬리 낮추고 허공으로 또아리 트는 달, 아낙들은 물레질하며 올려다본다 외줄기 길은 들판 저편으로 달아나고 줄지어 선 물푸레나무가 부질없이 하늘 향해 절한다 가느다란 목을 꺾는 저녁 어스럼 숨져가는 노을이 깃발 내리는 찰라 어디선가 몰려오는 인기척소리 담장 넘어와서 화원 뒤에 깔린다 이슥고 오연한 상현달이 탯돌에 을시년스런 몸을 눕힌다

다림질을 하며

그대 지나간 자리
평온하게 하얀 벌판이 일어서고
끝없이 부는 바람은 평화롭다
반듯한 시간 앞에서
다시 굴러보는 산야 끝머리
샘은 맑은 생수를 퍼올린다
애써 구겨진 발자국을 지우고
일그러진 표정을 쓰다듬는 허공에서
꽃은 피어나 새들을 불러 모운다
처진 어깨를 세우는 그대의
따스한 손길을 스쳐가면
낮달은 그늘진 사유를 날려보낸다
와이셔츠 소매에 달라붙은
피곤한 삶의 흔적이 사라지고
얼룩진 그림자들은
먼 산맥의 등성이에서
피어오르는 구름의 향연을 즐긴다
쉽게 지워지지 않는 지상의
정신분열증을 털어내며
그대의 피안을 땅끝까지 불러낸다

수몰지역

참담한 물줄기가 흘러드는 마을
젖은 것들은 이제 다시
푸른 하늘을 바라볼 수 없다
뜨거운 의욕이 허공에서 증발되고
너는 다만 수심 깊이
수상한 소문들을 감추고 있다
너의 물보라가 스쳐간 자리마다
돌아오지 못하는 사랑과
또 돌아와서 맹목이 되어버린 죽음이
물 속 어느 지점인지 알 수 없는
왕국을 이루며 침묵한다
문 밖에서는 진종일 비가 내리고
뜨거운 허망이 하나 둘씩
이념을 잃은 채 잠들고 있다
갇혀 있는 불안들이
때로 수포가 되어 피어난다
길들은 골목 어귀에서 뒤엉키고
청승스런 빗물 속에서
주름진 추억이 끝없이 삭제되고 있다

제4부

봄의 현상학

하늬바람 깃을 치면
여린 햇살이 마른 가지를 기어오른다
서리 밴 나무 그루터기에는
발목 잘린 뿌리들이
열매 몇 영그는 꿈을 꾼다
낮달 기우는 들판
메마른 강들이 깨어나고
앙상한 마을의 처마는
허리를 꿈틀대는 빛살로 눈부시다
지상을 관통하는 불협화음이
떠나는 겨울의 바람소리에 귀를 닫고
토담을 파고드는 벌레들은
숨죽인 더듬이를 내밀어
서슬 푸른 인동초의 잎사귀를 다독인다
길은 어디에서나
따스한 햇살과 내통하고
소식 끊긴 마을이
지친 청보리의 마른 기침을 깨운다
헛배 부른 마굿간의 그림자
눈을 뜨는 동안

그믐에 떠난 프리지안이 돌아온다
수다스런 경운기가 뱉아내는 굉음에
희끗한 산등성이 너머
정녕 봄은 그윽하게 송신되고 있다

야구장 근처

눈부시게 햇볕 좋은 날
아시아드 경기장 근처에 오면
아가위나무 잎 속에서
잠든 함성이 일제히 일어선다
이어폰을 꽂은 산사꽃은
여린 세상과 내통을 하고
물비늘 젖은 비비새 날아와
느닷없이 안타를 치며 날아오른다
이름 모를 꽃 이파리에
뚝 떨어지는 야구장 입구
목 메인 흰 공이 야외를 때리고
비로소 짙은 녹음은 초여름 경보를 울린다
뜬금없는 더블 플레이를 벌이는
사내들은 미세먼지를 신고 전진할 쯤
꽃샘추위 이겨낸 방망이 하나
잔디 구장의 모서리에 넘어져 있다
가만히 허리 굽혀 귀 기울이면
내 발등에 포물선을 그리며 지나가는
잿빛 비둘기 고개를 들어
홈런을 치는 구름 한 점 끌어내린다

시방 단풍나무는 수비측의 혼란으로
저들끼리 무득점을 기록하고 있다

모딜리아니와의 동행

언제나 그대와 나 서로 가늘고 긴 목으로 닮아 있었다 계란 모양의 독특한 기품이 눈을 뜨며 그대 가슴 가득 물빛 안개꽃이 피어오르고 열두 폭 붉은 양탄자가 깔린 길로 푸른 물보라가 휘감아 돌았다 파도의 질긴 휘장이 펼쳐진 황토색 둑길 너머 춤추는 바다는 아득한 하늘을 끝없이 마주하고 있었다 까만 눈빛을 우러르며 헤엄쳐 오는 그대 갸름한 이마 나는 그대 눈가장자리에서 휘도는 물살을 유영하며 쉬임없이 팔을 흔들었다 바라볼 수록 그윽한 귓불에 저만치 구름사다리 걸고 키 큰 평화로 내려오는 그대와 나 사이 드넓은 풀밭이 흥겹게 넘실거린다 우리는 너무 멀리 있어 갠지스강은 저 혼자 흐르고 또 무더운 여름이 내리는 그대 뜨락은 오렌지빛 등불로 흐드러지게 새로운 세상을 탄생시켰다 그대 검푸른 하늘과 나의 바다는 언제나 맞닿은 심장으로 출렁거렸다

감자를 볶으며 1

후라이팬에 기름을 두르고
신명나게 감자를 볶는다
경건한 아침이
또 다른 싱그러운 하루를 몰고와서
해맑은 면실유를 머금고
찬란한 아이스쇼를 벌인다
불판 위에 견고한 열매의 분신들은
어설픈 본성을 다독여
지글거리는 기름의 함성을 들이키며
끈끈한 살점들을 익힌다
못내 흐트러지는 불협화음으로
다단한 생의 불안을 걷어낸다
햇살 한 타래 퍼지는 창가,
식탁을 비워내는 희망의 접시들은
선의의 눈빛으로 미각을 펴올린다
이슥고 다정한 식구들의
볼륨 높은 목소리가 익어가고
벗은 감성들의 일몸에
한 겹씩 스마트한 의상이 덧입혀지고
입 안 가득 솟구치는 식욕이
전신을 데우며 부풀어오른다

식욕을 구워내며 2

허기를 지우는 동안
달아오르는 식욕을 구워낸다
지상에서 가장 완전하게
이루어낼 수 없는 사랑이
불판의 소금처럼 튀어 오르고
서로 뒤엉킨 불편한 의식들의
끝자락부터 하나 둘 익어가면
때묻은 어깨 너머로 서서히
낯 붉히는 저녁달이 떠오른다
구워진 열매의 분신들은
흥건한 기름냄새에 젖어
거실과 서재를 적시고
기다림에 겨운 머리카락과
메마른 목덜미를 적신다
젓가락으로 난자된 영감을 집으면
굳건한 침묵으로 무장한 손끝에서
간간히 선웃음이 새어나오고
침을 삼키는 작년 가을이
단단하게 여물어 결실을 예고한다
먼데서 돌아오르는 설익은 소문들이

침몰한 영혼들을 싣고
식탁 위에서 부질없이 맴돈다

고관 시절 1

골목 시장을 지나 허리 휘어진 길을 돌아서면 손목시계를 저당잡은 전당포 하나 초췌하게 눈에 띄었다 막다른 안창에 들어앉은 달순이네, 패랭이꽃 문패를 왼쪽 가슴에 달았다 이른 새벽 눈을 뜨면 어린 딸들은 샛별따라 보세공장으로 일 나가고 슬레이트 지붕 밑에는 바랜 빨래가 장대에 매달려 왼종일 집을 지켰다 생선가게에서 풍기는 난장의 비릿한 냄새가 시름없이 양철문을 적시고 대문 앞 외톨이 대추나무는 저 혼자 휘파람을 불었다 이따금씩 빈 가지를 흔드는 태극기가 허공에 팔을 휘저었다

고관 시절 2

들창 밖에서는 가끔 쌀가루 같은 진눈개비가 흩날렸다 몸이 무거운 8톤짜리 덤프트럭이 쿨럭이며 지나다녔다 시간에 맞춰 부산진역에서는 그리운 사람들을 실어 나르는 완행열차의 신호음이 들리고 바퀴소리는 요란하게 내 목을 밟았다 수정동 비탈을 비껴가는 바람이 잠시 내려 앉아 머뭇거리는 동안 언덕 위의 예배당 첨탑에서 차임벨에 실린 찬송가가 나직하게 귓가를 맴돌았다 언제나 궤도를 벗어나는 구공탄이 하얗게 늙어가고 보름달 아득히 걸어둔 아랫목은 설핏 달아오르다 멎었다 사람들은 한 모금 보리차에 목을 데우고 끓이다 만 타이스의 명상곡에 알전구 흐릿한 불빛을 잠재웠다

꽃의 통로

먼저 당도한 개나리는
어느새 떠날 채비를 하고
너는 제대로 눈뜨지 못하는
너무나 가냘픈 몸으로
잠깐인 너의 생애를 머뭇거린다
가까스로 눈시울 여는 꽃들이
제 실눈 감았다 폈다 하는 동안
뜻밖에 건널목 신호등이 먼저
푸른 눈동자를 돌리고 있다
때이른 파라솔들은 외람되게
꽃인 양 수선을 떠는 사이
더운 빗살 가리느라 안간힘하는
너는 가로수 길에서
빗방울 협주곡을 가볍게 점프한다
사철나무는 목책을 두른 채
핏빛 이파리를 널다랗게 펼치지만
꽃피지 않는 계면쩍은 몸짓에
너는 스스럼없이 그 그늘에 숨는다
산등성이 햇볕들은
무엇을 위해 저렇게

환히 옷자락 펼쳐 유혹하는가
개화를 몸부림하는 네 애잔한 심지를
거친 손으로 가만히 쓰다듬는다

달팽이 혹은 패러독스 1

배추 이파리 그늘을 돌아
네가 지나간 자리는 젖어 있다
삼대 째 저지른 죄 걸머쥐고
미끄러져 내리는 풀잎자락,
네 협소한 길이 쓰러져 있다
부질없는 몸짓으로
뒤뚱거리며 차오르는 뜨락에
한 짐 부려놓을 슬픔도 없이
웅크린 목살 펼 때마다
더듬이는 저 혼자 허공에서 논다
초월할 수 없는 추억 스며드는
자폐증에 몸부림하며
너의 기어가는 풀섶 싸늘하게 흔들린다
돌아서는 길은 부절히
오직 제자리걸음으로 부대끼고
끝없이 흐린 하늘 아래
휘젓는 네 시선은 아득하다
결코 돌아갈 수 없는 집 하나
걸머진 쓰린 숙명이
개암나무 뒷결을 헐어내며
방향 잃은 걸음으로 머뭇거린다

달팽이 혹은 패러독스 2

땅으로 기우는 서늘한 이마가
홍건한 빗줄기에 빛을 낸다
비오는 날의 풍성한 방황
고통은 오히려 허공을 지운다
길없는 길을 내며 떠나는
서글픈 여정이 산을 닫아 건다
오랜 수풀 속 온기를 밀어내는 동안
안테나의 굽이치는 송신
잠든 우주의 정적을 일으킨다
골짜기의 이쪽과 저쪽을 이어주며
하염없이 허물어지는 생의 틈새,
네 고독한 행진은 역행이다
나아가는 것으로 퇴행을 만드는
안간힘으로 부끄러워지는 육신
하얗게 소금기로 바래어지면
한사코 잘라내지 못하는 집 한 채
숨가쁜 지평에서 가냘프게 흐느낀다
간단없이 숨쉬는
바위 그림자에 숨어서
끌고가는 목숨이 더운 불꽃을 태운다

외고산 옹기 1

핏기 잃은 질그릇 하나
먼지 낀 선반 위에 엎드려 있다
마을 밖으로 주파수를 올리고
언젠가 자아올렸던 식은 김을 품으며
모서리 어긋난 어깨를 주억거린다
유약이 벗겨진 굽은 등판에서
포만하던 육신의 열정이 흐려져 있다
낯선 사람들의 정다운 한때의
주고 받는 내밀한 말을 반추한다
벗은 씨암닭의 허벅지를 끌어안고
한사코 정욕에 눈멀었던 전율감에
전성기를 보내버린 안개를 재며
감히 서러움 뿌리치지 못하는
불가마의 당당한 뚝배기로
팔뚝에 정맥 세우던 외고산을 체념한다
안으로만 눈부신 상처를 다독이면
지친 하루가 하염없이 손을 내젓는다
언제나 뜨거운 꿈을 완강히 다그쳐
힘껏 던져도 깨어지지 않는
육계단지로 부활하는 허공

다시 불꽃 속에서
타오르는 정념을 그리워한다

외고산 옹기 2

부박한 살갗에 흠집이 지면
뒤안길의 걸음이 지워지지 않는다
거친 물살로 훔쳐낼수록 그윽한 살결
빛을 감추는 폼새 정이 든다
지난 수모는 슬픔으로 닦아내고
튼실한 마음자리 굽이치는 사이
고단한 생애 다만 선반에 얹혀
시나브로 부르는 얼굴
서리찬 바람 비켜가면서
날마다 추억 한 그릇씩 비워낸다
그대 돌아 앉은 작은 길목의
어둡고 기나긴 끝머리에서
밤마다 새롭게 머무는 구름 걷우며
가슴 깊이 햇살 가득 담아본다

세상이 저무는 황량한 겨울날
방황하던 도시의 변두리에서
손 모아 쓰다듬던 온기 한 자락
쓸쓸한 목젖을 적시며
뜨거운 그대 사위어가는 불꽃 그린다

돌아서는 행로의 되풀이되는 절망은
손 끝에 닿는 내통으로 풀어낸다

잡초 1

내 길은 협소한 틈새로 뻗어 있어
나의 원대의 포부는
항상 비상에 걸려 있다
보도블럭 사이로
참람하게 여린 어깨를 추슬러
초라한 얼굴을 갸웃대면
좁은 세상에 갇힌 나의 눈망울
두 귓바퀴에 안테나를 세워도
찬란한 거리의 봄은
한사코 조명되지 않는다

아침에 눈을 열자
고층 아파트의 키는 소스라치게
칸칸이 더께를 늘려간다
출근길은 저마다
하루치의 피로를 흘리며 지나가고
나의 육신은 무채색으로
무자비한 인간들의 발길에 짓이겨진다
아무리 발돋음해도
상승을 모르는 나의 열망

차라리 변함없이 낮은 키로서
다윗의 하늘을 손 안에 움켜 쥔다

잡초 2

젖은 담벼락 너머
긴 팔을 휘젓고 있는
개나리꽃 노란 입술
탐닉하는 오만을 생각한다
머리카락 치렁치렁 늘어뜨린 채
휀칠한 눈망울 번득이는 그대
눈부신 사랑을 반추한다
무자비한 황사 떠난 자리에
꽃샘추위 예사롭게 찾아들 때
나의 발효는 무색하게 시든다
다투어 뒤흔드는
팔차선 도로의 어귀에서
나는 담보되지 못한 사랑에 젖는다
사정없이 속도 조절하는 엑셀레이더
한 켠에서 우쭐거리는
지독한 연무에 나는 허물어진다
나의 늑골을 짓밟고
태연하게 사라져가던 빗발에
떨어진 미세먼지는 나의 이불이다
나는 더 이상 새로운 호흡을 위하여

한웅큼 지평을 드넓히는
질긴 햇살 하나 끌어당긴다

팬지의 이름으로

비로소 낯익은 여름이 마련되고
여린 잎들은 눈을 뜬다
그늘이 떠나가는 세상은 드디어
보랏빛 물결 휘날리며 내닫고
눈부신 한낮은 깨어
너절한 옷자락을 걷어올린다
허공에서 애써 매달리는
새하얀 빨래들이 광채를 띨 즈음
물오른 너의 정욕은
푸른 강물을 퍼올리며
완강한 바다를 꿈꾸고 있다
차운 잎들의 그윽한 잔등에서는
현란한 강마을 몇 천리 굽이치고
서늘한 관념 하나 소용돌이치는
눈망울의 견고한 지표
메마른 심장의 벽을 적신다
노을이 스러져가는 초저녁
다소곳이 내미는 포구의 외등
내 안의 지루한 심지를 켜서
요동치는 얼굴로 어둠을 걷어낸다

□ 해설

광장의 시학

– 신 선의 시세계

하현식(시인, 문학평론가)

1.

최인훈의 『광장』은 남과 북의 대립을 넘어 제삼세계로 삶의 촉수를 넓힘으로 소설문학의 광활한 공간을 확보하게 된다. 한편 저 노벨문학상인 파블로 네루다에게 있어서의 〈광장〉은 〈고독한 섬〉으로부터 비롯되어 끝없는 우주에 대한 상념으로 감수성을 넓힘으로써 자기세계에 대한 무한한 넓이를 구축하게 된다. 마찬가지로 신선의 작업을 대상으로 할 때 그는 생존의 각박한 대립으로 긴장시키는 남북대립과 그가 숨쉬고 있는 우주직 바운다리 외에도 그의 영혼을 장악하고 있는 신에 대한 근엄한 사색을 통하여 앞의 최인훈이나 파블로 네루다가 구사하고 있는 〈광장〉을 초극하는 시적 세계를 확립하게 되는 것이다.

그는 애초에 다소곳한 서정으로 시작하여 소용돌이치는 세상의 물결을 거쳐 세 번째 시집 『사라지는 것들을 위하여』에 우주와 영혼의 입자에 대한 경건미와 숭고미를 노래한 바 있다. 그리고 이제 또 새로운 세계의 확산과 신비의 모노로그를 제시하여 자기 세계의 공간적 범위를 확대시키고자 하는 노력점을 보여준다. 첫째는 삶의 인식으로서 어떻게 살아야 하며 무엇을 위해 살아야 하는가를 명상하고 성찰하고 있음을 볼 수 있다. 아울러 자연적 대상에 대한 친화감을 통하여 그 피조된 자연에의 미학과 사유를 다그침으로써 삶에 대한 깊이를 더하고 예술적 높이를 구축하게 된다. 뿐만 아니라 신이 창조한 시공을 섭렵해 감으로써 시는 무엇이며 왜 시를 써야 하는가를 웅변하고 있는 것이다. 그러한 이면에서 드러나는 이념에 대한 숙고를 통하여 예술적 넓이를 확보함으로써 〈광장〉이 가지는 광활한 인식과 의식을 형상화하고 있는 것이다.

이러한 삶과 자연 또는 세계와 이념이야 말로 이 시인이 해결해내야 할 커다란 과제가 되어 이를 풀어내고 수정하고 재생하는 자세로서 새로운 시적 광장을 창조하게 되는 것을 볼 수 있다.

2.

그러한 의미에서 이 시인은 「신발」을 통한 삶의 궤적과 「고관 시절」 통한 돌아다보기를 서슴치 않는 것이다.

신발 속에 길이 있어
직선과 곡선이 뒤엉켜
언제나 제 그림자 따라 흐른다
지친 발목이 빠져 나간 자리
어쩌다 달아나지 못한 길이
풍경을 그리며 몸부림치고 있다
견인 못할 생의 무게에 짓눌린
서글픈 사랑으로
하늘은 잿빛으로 흐려지고
보행을 좇아온 골목이 허리를 편다
횡단보도의 표식이 그려진
사차선 도로를 무단횡단한 발자국은
신발 밑창에서 가쁜 숨을 몰아쉬고
질주하다가 밀려난 늦은 오후가
피곤한 걸음을
수십 층의 계단 위에서 말리고 있다
희미한 달무리 막아서는 발치
정처없이 떠돌던 바람 한 자락이
문득 휘돌아들면
환승을 다그치는 인간들의 눈빛이
신발 끝에 걸려 나풀거린다

–「신발」 일부

신 선은 〈신발〉과 〈길〉의 함수관계로서 무한한 삶

의 애증과 전개를 노래한다. 〈길〉은 삶의 여정이며 〈신발〉은 이 여정을 섭렵하는 도구로서 존재한다. 이른바 〈신발〉을 통하여 〈길〉을 유추하여 시적 접근성을 성취하고 있다. 이것은 이미지의 통일성으로서의 가치와 절묘한 성취를 맛보게 한다. 특히 〈곡선〉과 〈직선〉의 다양한 〈길〉의 형태로서 슬픔과 기쁨, 좌절과 극복이라는 삶의 양식을 명쾌하게 형상화 해내고 있다.

또한 〈곡선〉과 〈서글픈 사랑〉과 〈잿빛 하늘〉이 어울려 불행에 대한 곡진한 콘텐즈를 수렴하여 시가 닿을 수 있는 참된 기쁨에 대한 희구를 성찰케 하는 것이다.

그리고 〈피곤한 걸음〉과 〈수십층의 계단〉으로 새로운 생의 의지를 다지는 시적 의의를 성취해낸다. 〈희미한 달빛〉으로 비극의 절정을 암시하면서 〈바람 한 자락〉이 가져다주는 생의 반전을 만나게 된다. 이는 곧 〈환승〉이라는 비상수단과 대안을 제시함으로써 〈신발〉의 비극적 행로를 반전시킨다. 〈환승〉은 이승에서의 지속적 삶에서 이상향으로의 변화된 삶의 양식을 제시한다. 여기에서 이 시인의 광장의식이 명료해지는 것이다. 아울러 내세에 대한 비전을 그리는 에가 되는 것이다.

골목 시장을 지나 허리 휘어진 길을 돌아서면

손목시계를 저당잡은 전당포 하나 초췌하게 눈
에 띄었다 막다른 안창에 들어앉은 달순이네,
패랭이꽃 문패를 왼쪽 가슴에 달았다 이른 새벽
눈을 뜨면 어린 딸들은 샛별 따라 보세공장으로
일 나가고 슬레이트 지붕 밑에는 바랜 빨래가 장
대에 매달려 왼종일 집을 지켰다 생선가게에서
풍기는 난장의 비릿한 냄새가 시름없이 양철문을
적시고 대문 앞 외톨이 대추나무는 저 혼자 휘파
람을 불었다 이따금씩 빈 가지를 흔드는 태극기
가 허공에 팔을 휘저었다

-「고관 시절」 전문

그러나 시인은 때로 지속적 전진의 삶이 아니라 되돌아보기의 너무나 인간적인 자세를 취함으로써 과거는 현재적 삶의 미학이며 미래의 행로에 대한 교시가 되고 있음을 역설한다. 이는 〈골목시장〉과 〈전당포〉의 고전적 삶의 분비물로서 형언할 수 없는 그리움과 아쉬움 또는 기다림까지도 복합적으로 수용하는 장치를 마련한다. 비록 어두운 시간의 맥락 속에서 그나마 놓치지 못하는 보람과 소망을 건져 올린다. 그러한 과거적 고난을 바탕으로 현재적 삶의 충실한 성과를 기대하게 된다. 꿈과 열망과 거대한 경제적 향유는 불가능하지만 소박하고 다정다감한 관계로서 인간적 가치를 심은 정서의 무게를 엿보게 되는 것이다. 이는 비단 개체적 삶의 기준에 국한 되는 것이 아니라 〈고관〉이라는 공간적 특성으로 민족 수난의 아픔을 되살리는 역할도 어렵지 않게

담아낸다. 일제 식민치하에서 적성국가가 남기고 간 피와 땀의 족적으로 더욱 과거는 소박한 대로 고통스러웠음을 읊조리는 것이다.

더구나 〈패랭이꽃 문패〉가 진작하는 토속적인 진술에서 요란한 설명이 필요치 않는 가난한 역사와 삶의 자취를 거슬러 보여준다. 제대로 〈문패〉하나 떳떳하게 내걸지 못하는 삶의 흔적에서 현재적 충족감의 가치가 더욱 더 진솔하게 부양되고 있다.

게다가 〈대추나무의 휘파람〉은 의인화에 따른 표현의 성취이며 특히 〈태극기〉의 시각적 존재성은 한결같이 비극적 모티브에서 현재적 행복과 개선의 비중을 더하게 된다. 이는 〈휘파람〉이 지니는 심리적 상승과 〈태극기〉가 지니는 반대급부적 신선감에서 시간이 발휘하는 위력을 절감케 하고 있다.

3.

이 시인은 자연친화의 계기를 시간과 공간에 귀속된 대상을 주시함으로써 「강설기 1」과 「정오의 바다」를 부각시킨다.

새하얀 융단을 까는 손등이
퍼렇게 얼어 있다
눈 내리는 저문 길은
눈발 속에서 어깨를 감추고

지상의 먼지를 덮는
부지런한 발자국
먼 길 위에 끊임없이 찍힌다

눈부신 면사포를 쓴
산과 들이 나직히 엎드리는 동안
가난한 집들의 지붕이 부풀어 오른다
헐벗은 상수리나무 야윈 가지 사이로
새 세상을 여는 자의
넉넉한 겉옷이 펄럭인다
숨져가는 섣달의
능선 위로 쌓이는 눈은
세례자 요한의 입술 끝에서
고고한 말씀을 맺고 있다

용서 받지 못할 자들의 시린 혓바닥이
서로 사랑할 수 없는 꽃으로 지고
개들이 짖어대는 동구 밖으로
검은 도시가 차례로 쓰러지고 있다

– 「강설기 1」 전문

이 시인은 자연친화의 한 방안으로서 인간이 아닌 절대자의 손길을 끌어 들인다. 궁극적으로 절대자는 〈시퍼런 손〉으로 〈하얀 융단〉을 깔아 눈세상을 도래케 한다. 사실상 하얀 세상을 만드는 존재는 시적 화자의 내면에 자리하고 있다. 그야말로 진시선능의 〈손〉이 와서 세상을 하얗게 장식하는 것으로 유추하는 이 시인의 세계야말로 광장의식에 감수성이 닿아 있다 할 것이다. 〈손길〉 뿐 아니라 〈발자국〉까지 등

장함으로써 이 시인의 사유가 가지는 촉수는 우주를 넘어 무한대한 신념의 세계에 닿아 있다 할 것이다. 그리고 〈산과 들〉은 그 숭고한 존재 앞에서 〈나직이 엎드리〉는 설정을 통해 이 시의 의식의 깊이와 넓이를 짐작케 한다. 아울러 〈능선의 눈〉과 〈세례자 요한〉에 결구되어 그 숭고한 자연과 인간의 합일을 도모하는 것이다. 결국 이 시인에게 시어에서 「강설기」는 신이 강림하는 기간인 것이다. 그리고 〈눈발〉은 신의 상징이며 그 결백성의 표상으로 존재한다. 그의 자연친화는 고도의 신념적 의의까지도 포괄하는 것이다.

쥐똥나무 가지 끝에서
하얀 낮달이 조을면
푸른 물살의 정적을 들이키며
어린 새 한 마리
도시가 자아낸 허기를 채운다
물비늘 퍼덕이는 선착장에서
적막한 해풍이 좌판을 벌이고
나른한 식곤증이 일어서는 모래밭
물보라가 나직하게
꼬리를 흔들며 지나간다
돌계단에 이젤을 뿌려놓고
사랑을 스케치하는 풍경 사이로
수평선에 매달린 돛폭하나
하늘 한 장 찢어서
끝없는 물이랑에 뿌려댄다
설익은 햇살이 해저의 중심에서

자맥질하는 동안
검은 망둥어떼가 솟구쳐 오르며
섭씨 이십삼도의 한낮을 끓이고 있다

–「정오의 바다 1」 전문

〈강설기〉가 시간적 관점에서의 자연의 가치를 다룬 데 비하여 이 시편은 공간적 가치의 자연을 찬양하고 있다. 절대자의 신비로운 피안으로서의 공간이 제시되고 있다. 이는 또한 〈정오〉와 관계됨으로써 가장 눈부신 공간으로서의 가치를 투사한 예인 것이다.

그 자연의 정취는 〈낮달〉과 〈새〉와 〈도시〉가 조화되어 실재하는 유토피아를 설정하는 것이다. 또한 〈물보라〉와 〈모래밭〉과 〈물비늘〉이 서로 교류되는 공간적 미학에서 시인은 절대자의 오묘한 비밀과 신기를 발견하고 있다. 나아가서 시인은 〈돛폭〉과 〈하늘 한 장〉이 연출하는 〈바다〉의 묘미가 결코 자연 그 자체라는 시각을 뛰어넘어 인식과 의식을 통한 비밀의 통로를 찾아내어 즐기는 것이다. 온갖 자연적 산물이 서로 제휴하여 만들어내는 풍경이 하나의 신비스런 피안이 되고 있는 것이다. 여기에서 〈광장〉에 연루된 신념의 세계를 인지하게 된다. 사실 이러한 풍경 속에는 시간을 초월한 공간만이 존재한다. 그러나 시인은 〈정오〉를 덧칠함으로써 그 시간적 의의의 절정을 구체화한다. 이 시편의 말미에서 시인은 〈햇살〉과 〈망둥어떼〉와 〈끓는 한낮〉을 끌어와서 아주

정적이면서도 동적인 세상을 만들어낸다. 이른바 정중동의 세계는 창조적 패턴의 가장 전범적인 공간의 양식으로 형상화되고 있는 것이다.

4.

신 선의 자연은 단순한 의미망을 초월하여 존재적 가치로 투사되는 개성을 보여준다.

개천 바닥 어지럽게
검은 돌자갈이 드러나고
한 석달 열흘 지나도록
비 내리지 않는 사월
너의 절박한 신경증 대신에
나는 비로소 너의 외로움을 깨닫는다
하릴없이 무심한 태양 우르러며
너는 내심으로
끝없는 강물로 흐르고 있다
너는 눈빛 하나
저어하지 않는 서리찬 모습으로
내 어설픈 인내를 뭉개버린다
너는 강철로 된 조각상처럼
싸늘한 하늘 아래서 길을 찾는다
잎과 줄기가 타들어가도
미동도 하지 않는 너의 그늘 아래서
다만 안으로 저며지는
너의 냉혹한 가슴을 파고든다
너는 거대한 폭포가 되어
한 웅큼의 정감도 없이 잎을 펼친다

–「가문비나무 곁에서 1」 전문

가령 〈가문비나무〉의 경우에서 온갖 질곡과 고통을 감내하면서 자기 존재성의 지주를 세우는 의미망에 닿아 있다. 이를테면 존재로 하여금 하나의 불안한 상황에 밀어넣어 그 고착된 불안을 어떻게 극복하며 직면한 난제를 지혜롭게 인내하는 과정을 조명한다. 〈가문비나무〉는 우선 가뭄에 직면하여 〈신경증〉을 비롯하여 〈외로움〉으로 신고하는 상황에 던져진다. 이 때의 〈가문비나무〉는 이미 자연을 뛰어넘은 존재로서의 기능을 감당하고 있다. 바로 시적 화자가 처하고 있는 난맥상을 비유적 장치로서 인간화하고 있는 것이다. 〈가문비나무〉는 〈태양〉을 의탁하여 〈강물〉로 헌신하여 당면한 고난을 대체하고 있다. 〈태양〉에 의탁된 더 지고한 신비성에 대한 경외감을 바탕으로 내면적 활로를 〈강물〉로 변신하는 데서 이 시인의 〈광장〉은 마련되는 것이다. 그리고 무엇보다도 〈냉혹한 가슴〉을 지니는 존재로서의 중심을 확고히 하는 것을 볼 수 있다. 다가오는 수난에 대처하여 〈가뭄〉이란 상황을 헤쳐나가는 그 의지와 신념의 소유사로서의 존재감을 하나의 자연을 통하여 피력하고 있다 할 것이다.

비는 무더기 실타래로 상승하여
다시 어느 여름날의 하강을 꿈꾼다
스며드는 그대 그림자 기침을 하고
분홍빛 벚꽃에 배어드는
파도의 잠을 하얗게 깨운다
이윽고 푸른 세상의 향연이 멎으면
꽃가지 부르튼 옹이는 상처뿐이다
떠나갔던 봄날 돌아오는 들머리
이별한 하늘과 땅 다시 만나게 한다
아직 우산 위에 사선을 긋는 물기가
파랗게 질려 드푸른 해안을 흔든다
수다스런 여자들이
한걸음씩 발자국 옮겨놓을 때마다
수액의 부스러기는 튀어올라
여자들의 치맛자락을 적시며 보챈다
지상의 젖은 것들은 한사코
허공과 자갈길을 이어주고
끝없이 푸른 수평선도 지워버린다
돌아서는 발길도 비에 젖어 지워진다

－「몰운대의 비 1」 전문

한편 시인은 〈비〉를 통하여 폭넓은 광장의식을 진작시키는 것을 볼 수 있다. 〈몰운대〉라는 풍광이 명미한 자연적 공간과 〈비〉라는 상황적 존재의 결속으로 〈가문비나무〉의 질곡에 대비된 풍성한 낭만과 이상을 투사하고 있는 것이다. 일단 〈비〉는 〈숲〉을 적심으로써 〈하강〉이 만들어내는 만상의 자각을 고양하는 것이다. 즉 〈꽃〉의 눈을 뜨게 하여 〈봄〉이 오게 하는 것이다. 또한 〈드푸른 해안〉을 지어내고 〈여자들〉의 생명의식을 다그치게 된다.

그리고 제각기 지리멸렬된 자연과의 결연을 통하여 조화와 공유와 동화의 세상을 마련하게 된다. 〈가문비나무〉의 고난 극복의 역사가 아니라 서로 화합하고 단결하는 결과로서 성취되는 세계의 선을 이룩하고 있는 것이다.

〈비〉는 〈허공〉과 〈자갈길〉을 결속 시키면서 보람있는 풍광을 통하여 이상향의 단면을 창출한다고 볼 수 있다. 〈비〉가 〈숲〉과 〈인간〉과 〈바다〉를 서로 끌어당기게 함으로써 독자성보다는 합일성으로 세계의 통합을 기대한다고 보겠다. 어느 하나의 독자적인 조건이 가지는 고독을 해소하여 서로 격려하고 찬양하는 결속의 힘으로 새로운 피안을 구축하게 되는 것이다. 궁극적으로 〈비〉는 〈지우는〉 활동으로 개체가 지닌 불합리성을 척결하게 된다. 그것이야말로 시인에게 있어서 〈수평선〉과 〈발길〉마저 젖게 하는 의의인 것이다.

5.

이 시인은 오로지 섭리와 은총 속에서 긍정과 이상의 세계를 창출한다.

이른 아침이 신발을 벗는다
환한 태양이 벗어놓은
멀고 가까운 마을에서

새로운 소문들이 고개를 든다
산등성이마다 걷어내는 그늘 따라
바다는 시퍼런 욕망 끓여내고
뭉게구름 피어오르는 하늘 계단
오색 그림을 그리며 다가선다
멀리서 걸어오는 해맑은 대낮
고상한 걸음걸이로 준비하는 동안
젖은 땅은 한 번 더 승부를 건다
상큼한 탁자 위에서
조간신문은 소음이 휘발되어가고
바깥 세상의 알 수 없는 욕망이
아득한 지평에서 태어난다
맑은 하늘은 환희의 가슴으로
또 하루의 축복으로 펄럭이는 사이
일제히 어둠은 가셔내고
춤추는 햇살들의 행진
싱그러운 리듬을 타고 흐른다

–「어느 개인 날 1」 전문

즉 광명과 암흑에 대한 극단적인 사유에서 시인은 언제나 광명에다 기폭제를 설치한다. 〈흐린 날〉이 아닌 〈개인 날〉을 바탕으로 축복과 은총의 가치를 고양하는 것이다. 이 시편의 서두에서 〈신발〉과 〈마을〉의 비유적 관계를 통하여 우주적 이념에 수반된 〈광장〉의 의미를 직시하게 된다. 〈하루〉의 시작이 〈신발〉을 〈신는 것〉이 아니라 〈벗는 것〉으로 비유함으로서 〈마을〉로부터 〈그늘〉을 벗겨내는 긍정적 인식을 보여준다. 게다가 〈소음이 휘발되어가는 신문〉

의 비유에서 미묘한 갈등을 느끼게 한다. 기실 〈신문〉은 세상의 온갖 〈소음〉을 진열하고 있는 소식의 광장이지만 시인은 다만 부정적인 소식에는 천착하지 않는 시선으로 〈소음의 휘발성〉을 읊조리는 것이다. 여기에서 이 시인의 긍정적 인식이 번뜩이는 것을 볼 수 있다. 그리고 〈환희의 가슴〉과 〈축복이 펄럭이는〉 광경으로 〈개인 날〉의 섭리를 수렴하게 된다. 나아가서 시인은 〈햇살의 행진〉으로 선과 미의 진실을 만끽하면서 지상의 온갖 부정적 요인을 불식하고 오직 경건한 것만을 위하여 집중하는 것을 볼 수 있다. 그에게 햇살은 곧 신의 위력이며 이상향의 조건이 아닐 수 없는 것이다.

또 한 번 금간 시멘트 벽들,
좀체 사라지지 않는 틈이 있다
벌어진 콘크리트 블록 사이 가느다란 햇살이 새어나오고
장마철 물기가 배어나올 때 나는
지나간 과오에 대한 태만과 방종을 뉘우친다
너와 나의 연결고리가 끊어진 위화감
나는 단호한 결의로서
인간 사이의 금에 대한 회의를 새긴다
저기 너의 낯선 길이 흘러가고
나는 우두커니 눈뜨기를 기다린다
나의 살라진 틈새에서
너의 주관이 농성을 벌이고
타협할 수 없는 슬픔의 무게가
하염없이 무너져 내린다

좁은 길의 금간 보도블럭에서
다시 일어서지 못하는 절망이 움트면
새로운 생의 이정표가 쓸쓸히 웃는다
–「틈에 대한 반론」 전문

〈틈〉은 일반적으로 위기와 근심을 불러오는 요인인 것이다. 그러나 시인에게 있어선 오히려 〈햇살〉을 만나게 되는 동기로서의 가치를 지닌다. 그의 〈반론〉은 이러한 대위법적 구조로부터 출발하고 있다. 만약 이 세상에 〈틈〉이 없다면 〈햇살〉을 만날 수 없다는 논리 위에서 이 시의 구조는 빛을 내고 있다. 부정적 대상을 긍정적 가치로 치환하는 인식의 폭에서 그의 광장의식은 또 한번 시적 계기를 구축하고 있는 것이다. 그러나 2연에서의 〈틈〉은 〈너〉와 〈나〉의 관계성을 훼손하는 장치로 그려져 있다. 그것은 곧 비극의 시작이며 위기에 직면한 세계의 약점인 것이다. 시인은 알 고 있다. 〈틈〉이 작용하는 부적응성을 심각하게 수용한다. 이는 곧 하나의 반전의 계기로서의 처지인 것이다. 마냥 〈슬픔〉으로 일관되는 논리일진데 아예 〈반론〉의 자세는 허용될 수 없는 것이다. 이는 오히려 이 시인의 강한 〈반론〉을 위한 제스츄어임을 곧 인지하게 된다. 그리고 시인은 지속적으로 〈절망〉의 〈틈〉을 노래한다. 그러면서도 〈새로운 생의 이정표〉를 논의함으로써 결국 부정적 인식에 대한 경고를 암시하고 있다. 그것은 〈쓸쓸히 웃는다〉는 묘사로서 관계성과 지향성에 대한 메시지를 함축하고 있다 할 것이다. 그러한 의미에서 〈틈〉은 반전의 모티브가 된다는 지극히 교조적인 이념을 역설적으로 접근하고 있는 것이다.

6.

이 시인은 삶에 연루된 보다 폭넓은 인식에서 시적 진로를 바라보고 있다. 이는 그의 시가 단순히 가시적인 거리에서 이행되는 삶이 아니라 불가시적인 세계까지도 표용하고 있음을 강조하고 있다. 여기에서 그의 광장으로서의 시학의 진의를 발견하게 되는 것이다. 그는 〈신발〉로서 지상적 인식에 머무르는 것이 아니라 피안의 지평까지 포용하는 광장의식에 닿아 있는 것이다. 지나온 시간에 대한 불안과 속성을 돌아보기를 통하여 순화시킴으로써 그리움에 바탕한 동경과 꿈을 수놓고 있는 것이다. 민족의 수난사까지도 함께 개인적 삶에 결연시켜 다시 돌아오지 않는 애틋한 〈고관〉을 재해석하기도 하는 것이다.

그리고 자연에 대한 인식 또한 확대된 시선으로 접근해짐으로써 단조한 자연이 아닌 신비한 자연의 미학을 구축하는 것을 볼 수 있다. 그 하나는 〈눈발〉이며 다른 하나는 〈바다〉인 것이다. 이는 일차적으로 인간화의 자연이 아니라 신성한 자연으로 형상화

됨으로써 그 자체 세계내의 이상적 공간으로 승화되는 묘미를 간과하지 못한다. 〈바다〉 또는 단순성보다는 〈정오〉라는 시간적 계기에 결연된 〈바다〉로서의 이상적 공간이 구체적으로 드러나는 것을 보게 된다. 이른바 광장의식에서 비롯되는 신비로운 세계로서 형상화되는 것이다.

그리고 자연이 신탁을 대행함으로써 규명되는 결과를 지우지 못한다. 〈가문비나무〉는 고난극복의 한 표상으로서 세계의 질곡과 수난을 극복하는 모델로서 기능한다. 또한 〈몰운대의 비〉 역시 기존의 조건을 더욱 풍성하게 하고 미화하며 개체적 미감을 합일화하는 데서 신탁의 기능에 다름 아닌 조화의 시너지를 감당하게 하고 있다.

나아가서 〈개인 날〉과 〈틈〉의 상대적 인식을 통하여 진정한 삶이 무엇이며 사물에 대한 판단이 어떻게 서야 하는가를 직시하는 예를 보게 된다. 그것이 긍정적 가치의 경우에는 그것대로 긍정적 결과를 얻게 되는 동시에 비록 부정적 가치에 직면한다 하더라도 그것을 반전의 계기로 삼는 시적 수용성을 가능케 하고 있다. 총체적으로 이러한 모든 인식과 의식이 불가시적인 데까지 촉수가 닿음으로써 광장의 시학을 창출해내는 자세가 확립된다.

봄의 현상학

시와사상 시인선 20

찍은날 | 2014년 10월 22일
펴낸날 | 2014년 10월 27일

지은이 | 신 선
발행인 | 김경수
펴낸곳 | 시와사상사
부산광역시 금정구 부곡동 325-36번지
전화 : 051-512-4142
팩스 : 051-581-4143
E-mail : sisasang@dreamwiz.com
http://www.sisasang.co.kr

등록번호 | 제05-11-7호
등록일자 | 2005년 7월 18일

인쇄처 | 도서출판 세리윤

값 8,000원

ISBN 978-89-94203-10-2 04810
978-89-958264-1-6

부산문화재단
BUSAN CULTURAL FOUNDATION

- 본 도서는 2014년 부산문화재단 지역문화예술육성지원사업의 일부지원으로 시행됩니다
- 이 도서의 국립중앙도서관 출판예정도서목록(CIP)은 서지정보유통지원시스템 홈페이지(http://seoji.nl.go.kr)와 국가자료공동목록시스템(http://www.nl.go.kr/kolisnet)에서 이용하실 수 있습니다. (CIP제어번호 : CIP2014028426)
- 잘못된 책은 바꾸어 드립니다.
- 지은이와 협의에 의해 인지는 생략합니다.